Für Raphaëlle, Elisabeth und Alain
E. T.

Ebenfalls erhältlich:

ISBN 978-3-8369-5748-9

ISBN 978-3-8369-5911-7

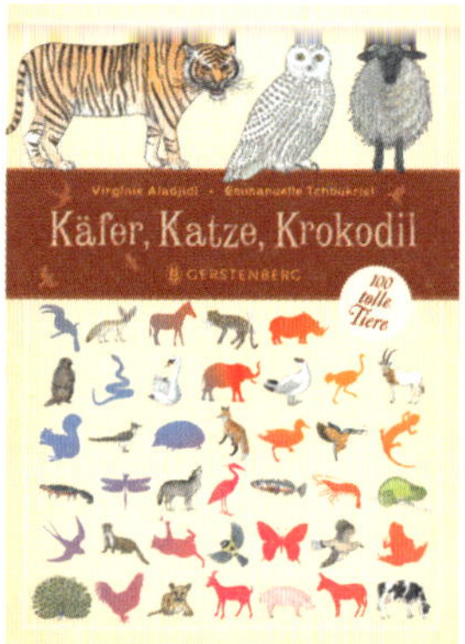

ISBN 978-3-8369-5328-3

ISBN 978-3-8369-5364-1

ISBN 978-3-8369-5949-0

ISBN 978-3-8369-5868-4

Layout und Gestaltung: cedricramadier.com
Die Originalausgabe erschien 2016 unter dem Titel
Inventaire illustré de la montagne bei Albin Michel Jeunesse, Paris

Übersetzung: Cornelia Panzacchi, Göttingen
Der Gerstenberg Verlag dankt Jorunn Wissmann, Binnen, für die fachliche Durchsicht.
Printed in China
www.gerstenberg-verlag.de
ISBN 978-3-8369-5992-6

Virginie Aladjidi & Emmanuelle Tchoukriel

Steinbock, Adler, Edelweiß

Die Welt der Berge

GERSTENBERG

VORWORT

Die meisten Gebirgsketten auf unserem Planeten entstanden durch Bewegungen der tektonischen Platten, die beweglichen Teile der äußersten Erdschicht (Lithosphäre).

Wenn sich eine ozeanische Platte unter eine Kontinentalplatte oder eine andere ozeanische Platte schiebt, also eine sogenannte Subduktion erfolgt, **bilden sich vulkanische Kettengebirge.** Auf diese Weise entstanden die südamerikanischen Anden und die Rocky Mountains in Nordamerika.

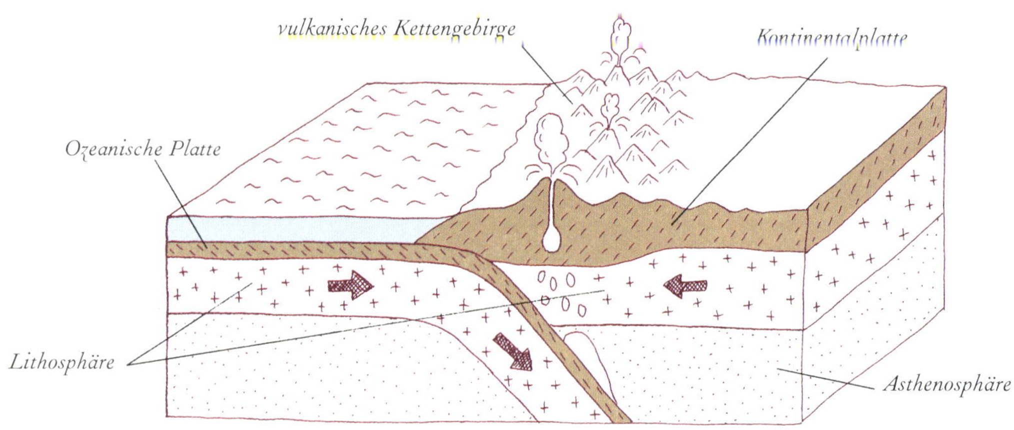

Wenn zwei Kontinentalplatten aufeinandertreffen, entstehen **Faltengebirge**. Zu ihnen zählen z. B. die Alpen (Europa), der Kaukasus (Eurasien) und der Himalaja (Asien).

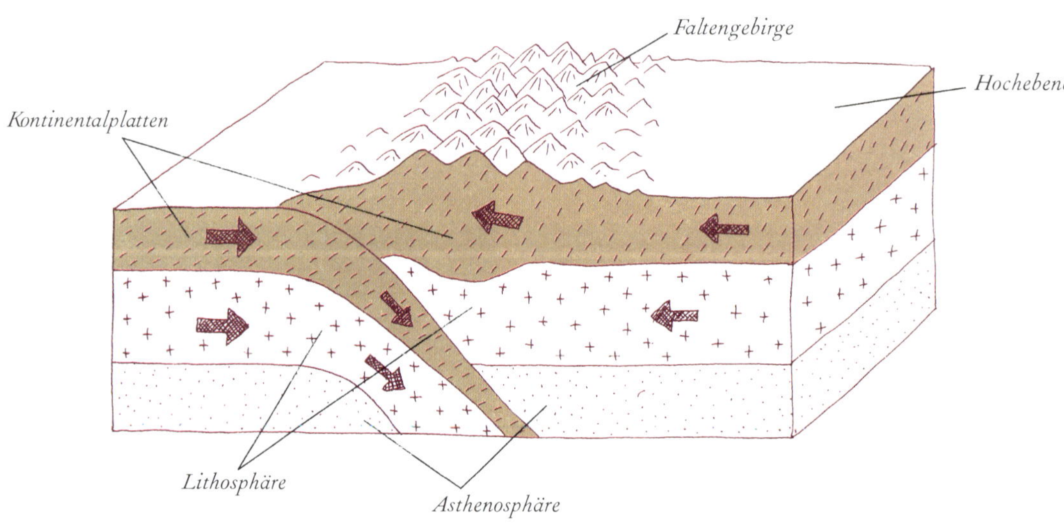

Wo befinden sich die großen Gebirge der Erde?

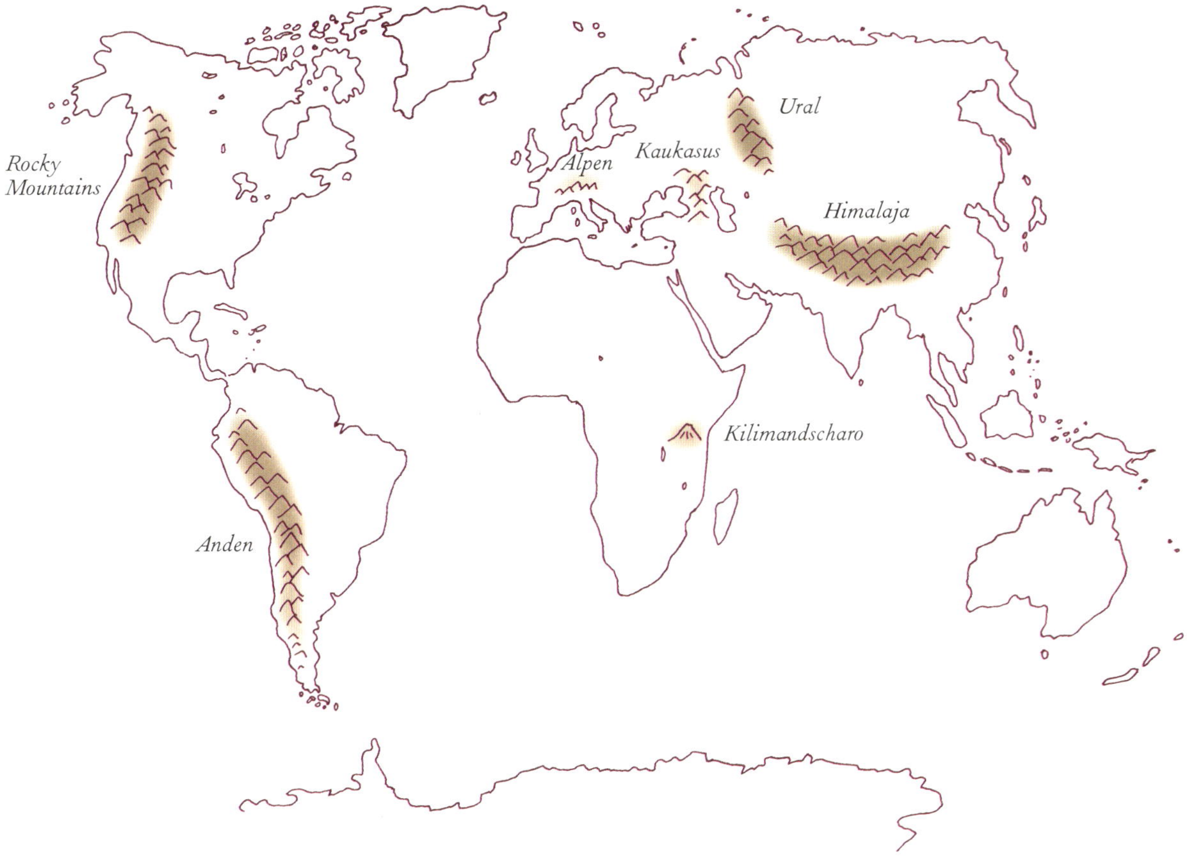

Welcher ist der höchste Berg der Welt?

Es ist der Mount Everest (8848 Meter). Er ist Teil des Himalaja. In diesem Gebirge erheben sich auch die 14 anderen Gipfel der Welt, die höher als 8000 Meter sind.

Der Schneeleopard, eine im Himalaja heimische Säugetierart

Wo befinden sich die Berge Europas?

In Europa gibt es alte und junge Berge.

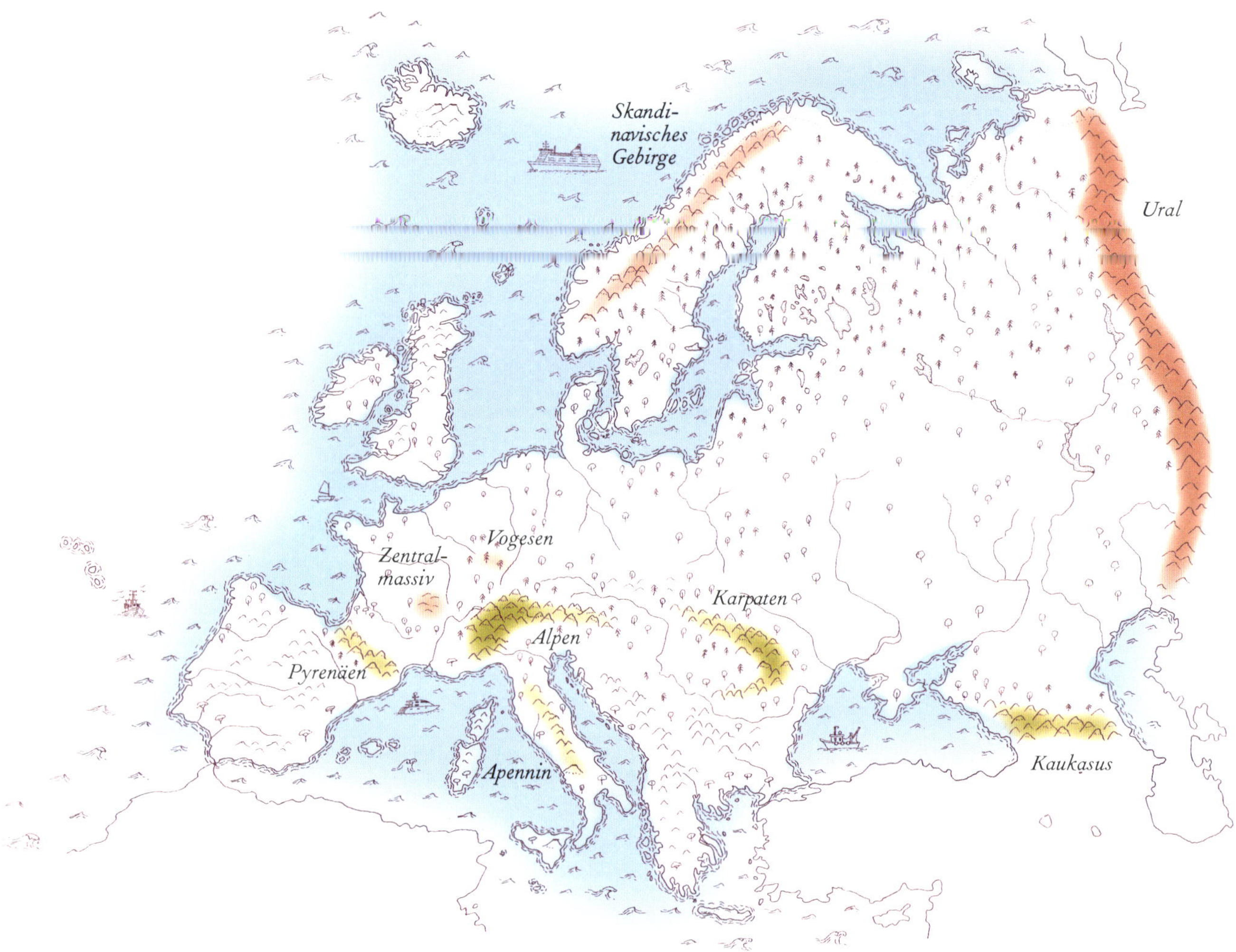

Die Mittelgebirge oder alten Gebirge

Sie sind nur zwischen 600 und 1800 Meter hoch und bis oben hin bewachsen. Regen, Wind und Frost haben sie erodiert, sodass sie abgerundete Formen angenommen haben. Ihre Hänge sind nicht sehr steil.

Skandinavisches Gebirge, Zentralmassiv, Vogesen, Ural

Die Hochgebirge oder jungen Gebirge

Sie entstanden erst vor ungefähr 65 Millionen Jahren. Ihre Gipfel erheben sich schroff und spitz und sind über 1800 Meter hoch, ihre Hänge sind steil. In den höchsten Bereichen gibt es Gletscher.

Alpen, Apennin, Karpaten, Kaukasus (dessen höchster Berg Elbrus mit 5642 Metern der höchste des europäischen Kontinents ist), Pyrenäen

Die Vegetationsstufen der Berge und ihre Bewohner

In diesem Buch stellen wir die Flora und Fauna der europäischen Gebirge vor.

Im Gebirge sinkt die Temperatur pro 200 Höhenmeter um 1 Grad. Der Schutz vor ultravioletter Strahlung durch die Atmosphäre fällt hier schwächer aus (deswegen schützen wir unsere Haut bei Bergwanderungen) und der Sauerstoffgehalt der Luft sinkt.

In den verschiedenen Höhenstufen treffen wir jeweils **unterschiedliche Tier- und Pflanzenwelten** an. In niedrigen Bereichen ist die Artenvielfalt bei Tieren und Pflanzen groß. Je höher man steigt, desto artenärmer sind die Biotope.

Das Gebirgsklima bleibt das ganze Jahr über verhältnismäßig kühl. Jahreszeitliche Unterschiede fallen wie überall in den gemäßigten Zonen der Erde sehr deutlich aus.

Eine große Anzahl der in Gebirgen heimischen Arten leben in niedrigen Bereichen. Nur sehr wenige, widerstandsfähige und anspruchslose Tiere und Pflanzen halten sich das ganze Jahr über in der unwirtlichen Umwelt oberhalb der Baumgrenze auf.

Die Erschließung der Gebirgsregionen für Verkehr und Tourismus und das Anlegen von Pisten und anderen Einrichtungen für Freizeitaktivitäten gefährden den Fortbestand zahlreicher Arten. Maßnahmen wie die Gründung von Naturschutzgebieten und das Auswildern von selten gewordenen oder verschwundenen heimischen Arten helfen, die Zerstörung dieses einzigartigen Lebensraums aufzuhalten.

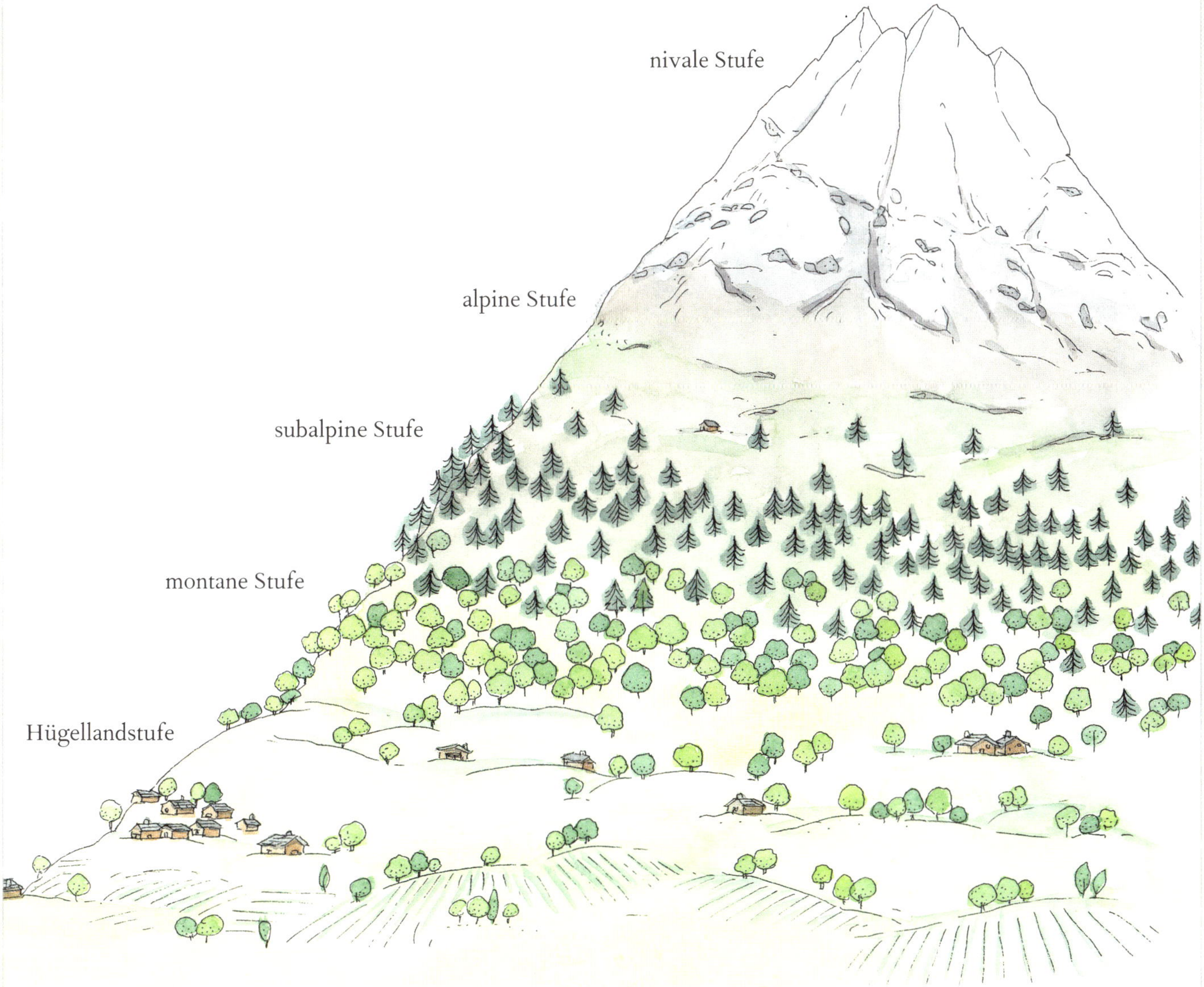

Emmanuelle Tchoukriel ist auf wissenschaftliche Illustrationen spezialisiert. Sie hat den Zauber und die Vielfalt der Berge eingefangen.

Für dieses Buch zeichnete sie Säugetiere, Bäume, Insekten, Blumen, Pilze und Reptilien der Berge mit der Präzision und Kunstfertigkeit naturkundlicher Zeichner aus vergangenen Jahrhunderten.

Die schwarzen Linien ihrer Zeichnungen sind mit Rotring-Zeichenstift und Tusche ausgeführt, die Lebhaftigkeit und gleichzeitige Zartheit der Farben ist mit Aquarellfarben wiedergegeben.

Virginie Aladjidi

INHALT

Alpensteinbock

Capra ibex

Klasse: SÄUGETIERE

Der Alpensteinbock ist ein Wiederkäuer und ernährt sich von Gras, Kräutern, Laub und Zweigen. Er lebt in Herden im Hochgebirge zwischen Almen und Gletschern. Die Hörner sind bei den Männchen länger als bei den Weibchen, doch bei beiden Geschlechtern gekrümmt und bleibend.

Dank der zwei beweglichen Klauen mit weichen Ballen und den hinten sitzenden Afterklauen finden diese Tiere beim Klettern sicheren Halt. Mit Schnee kommen sie jedoch weniger gut zurecht als mit nacktem Fels, und sie unternehmen weite Wanderungen, um den Schnee zu meiden. Im Winter suchen sie tiefer gelegene Zonen auf, wo sie Flechten und Moose finden. Gelegentlich trifft man sie auch unten im Tal an.

Steinbock ist zugleich die Bezeichnung für das männliche Tier. Das weibliche nennt man Steingeiß. Das Junge wird Kitz genannt. Kitze besitzen noch keine Hörner.

Gämse

Rupicapra rupicapra

Klasse: SÄUGETIERE

Gämsen sind ebenfalls sehr geschickte Kletterer. Sie halten sich in Bergwäldern und auf Almen, aber auch in felsigen Bereichen auf. Die Sohlenflächen ihrer Hufe sind weich und haften gut auf steilen felsigen Hängen. Im Schnee spreizen Gämsen die beiden Zehen ihrer Hufe (Klauen), wodurch diese dank der dazwischengespannten Haut zu regelrechten Schneeschuhen werden. Die nach hinten gebogenen Hörner der Tiere werden Krucken genannt und erreichen bei beiden Geschlechtern eine Länge von 15 bis 20 Zentimetern.
Gämsen bleiben das ganze Jahr über im Gebirge und passen ihren Speiseplan dem jahreszeitlichen Angebot an. Im Sommer äsen sie Gräser und Kräuter, im Winter ernähren sie sich von Flechten, Moosen und Zweigen. Dann scharren sie auch mit den Hufen den Schnee weg, um an die darunter verborgenen Pflanzen zu kommen.
Gämsen trinken sehr wenig. Mitunter genügt es ihnen, Tautropfen aufzulecken.

Abb. 2

Gamskitz

Gämsen gehören zur Gruppe der Ziegenartigen. Sie leben in Herden, die oft vom ältesten Weibchen angeführt werden. Die Weibchen nennt man auch Geißen, die Männchen Böcke oder Gamsböcke, die Jungen Kitze.

Abb. 1

Wolf

Canis lupus lupus

Klasse: SÄUGETIERE

Wölfe halten sich bis in 3000 Meter Höhe auf, folgen jedoch ihren Beutetieren auch in niedrigere Zonen. Sie haben meist ein graues Fell, können aber auch weiß, schwarz oder sogar rötlich gefärbt sein. Die Raubtiere leben und jagen im Rudel in einem von den Rudelmitgliedern markierten Revier. Als schnelle und ausdauernde Läufer können sie in einer Nacht bis zu 60 Kilometer zurücklegen. Auch bei Dunkelheit können sie hervorragend sehen. Ihre bevorzugte Jagdbeute sind Paarhufer wie Rehe, Hirsche, Gämsen, Steinböcke und Schafe. Sie fressen aber auch Dachse und Füchse sowie Aas. Das Rudel wird von einem Alpha-Paar angeführt, das gewöhnlich lebenslang zusammenbleibt. Wölfe waren ursprünglich in ganz Europa heimisch, wurden jedoch in vielen Regionen durch starke Bejagung ausgerottet. Seit einigen Jahren wandern sie aus Rückzugsgebieten wieder in ihre alten Lebensräume ein.

Abb. 1

Abb. 2

Die Jungen nennt man Welpen.

Rotfuchs

Vulpes vulpes

Klasse: SÄUGETIERE

Der schlanke, geschmeidige Rotfuchs passt sich an die unterschiedlichsten Lebensräume an. Deshalb sind die Bestände dieser Art sehr groß. In höheren Lagen lebende Füchse besitzen ein längeres Fell, das sie vor Kälte schützt. Füchse sind Allesfresser und können ebenso tagaktiv wie nachtaktiv sein. Mit einem bis zu einen Meter hohen Fangsprung stürzt sich der Fuchs auf seine Beute (vor allem Mäuse und Kaninchen), die er anschließend an einem sicheren Ort verzehrt. In den Bergen lebende Füchse greifen sogar Murmeltiere an. Auch Aas wird nicht verschmäht. In Gegenden mit geringem Futterangebot sind die Tiere Einzelgänger. Dort, wo es viel Beute gibt, trifft man sie oft paarweise an. Das Revier wird mit Duftmarken markiert, vor allem mit Urin.

Abb. 1

Abb. 2

Die Jungen bezeichnet man als Fuchswelpen. Ihr Babyfell ist bläulich grau. Für Steinadler und Uhus sind sie eine begehrte Beute.

Diese beiden Rinderrassen *(Bos taurus)* leben in Frankreich und Italien. In den Bergen hält man vor allem Milchkühe, um aus ihrer Milch Käse herzustellen. Die Kühe werden im Sommer auf Bergweiden gebracht, die Almen. Auf den Almen bleiben die Herden ungefähr vier Monate lang. Die Wanderung dort hinauf heißt Almauftrieb, der Rückweg ins Tal im Herbst wird Almabtrieb genannt.

Kalb

Rasse: Abondance

Klasse: SÄUGETIERE

Ebenso wie ihre Eltern haben Kälber der Rasse Abondance ein rötliches bis rotbraunes Fell. Am Bauch, im unteren Bereich der Beine und am Kopf ist das Kalb weiß, trägt aber eine »Brille« aus rotbraunen Flecken. Diese Rinderrasse kommt gut mit dem langen Aufstieg zur Alm und dem raueren Bergklima zurecht. Die Kälber werden von ihren Müttern ungefähr ein Jahr lang gesäugt.

Kuh

Rasse: Tarenteser

Klasse: SÄUGETIERE

Tarenteser-Kühe haben ein rötlich braunes Fell und sind ebenfalls gut an das Bergklima angepasst. Auch die steilen Hänge sind für sie kein Problem, denn sie haben einen leichteren Körperbau und besitzen kleine, harte Klauen, auf denen sie lange Strecken zurücklegen können. Die Hörner mit den schwarzen Spitzen sind sehr gleichmäßig geformt.
Im Mai werden die Herden auf die tiefer gelegenen Weiden getrieben.
Im Juni erfolgt der Aufstieg auf die Almen in 1500 bis 2000 Meter Höhe.
Eine Kuh, die ein Kalb geboren hat, produziert ungefähr ein Jahr lang Milch. Um diese komplett nutzen zu können, muss man das Kalb von der Mutter trennen. Nach Ablauf eines Jahres wird die Kuh erneut gedeckt, damit sie wieder ein Kalb bekommt und Milch erzeugt.

Abb. 1

Hermelin im Sommer

Hermelin

Mustela erminea

Klasse: SÄUGETIERE

Das Hermelin ist ein kleiner Marder mit einem Durchschnittsgewicht von 260 Gramm. In Europa ist sein Fell im Sommer braun (Abb. 1) und im Winter weiß (Abb. 2), sodass es im Schnee ausgezeichnet getarnt ist. Die Schwanzspitze aber bleibt das ganze Jahr über schwarz. Dadurch kann man es gut vom Mauswiesel unterscheiden, das keine schwarze Schwanzspitze hat. In den Bergen leben Hermeline sowohl im Bereich von Gletschern und Moränen als auch im Tal.

Abb. 2

Hermelin im Winter

Mauswiesel

Mustela nivalis

Klasse: SÄUGETIERE

Wie die wissenschaftlichen Namen erkennen lassen, ist das Mauswiesel ein enger Verwandter des Hermelins. Es ist ebenfalls klein: Die größeren Männchen werden höchstens 27 Zentimeter lang, ohne Schwanz gemessen. In Europa behält das Mauswiesel das ganze Jahr über dieselben Fellfarben bei: am Bauch weiß, an Rücken und Kopf braun, mit zwei braunen Flecken am Unterkiefer. Diese Tierart ist sehr anpassungsfähig und kommt in den Alpen bis in 3000 Meter Höhe vor. Mit den kurzen Beinen und dem schmalen Kopf kann es auch in enge Mäuselöcher eindringen. Außer Mäusen frisst es Eidechsen und kleine Vögel. Seine eigenen Fressfeinde sind u. a. Fuchs und Eule.

Europäischer Dachs

Meles meles

Klasse: SÄUGETIERE

Der Dachs ist ebenfalls ein Marder, mit 20 Kilogramm jedoch wesentlich größer und schwerer als Mauswiesel und Hermelin. Sein Fell ist am Körper grau, am Kopf charakteristisch schwarz und weiß gestreift. Er ist ein Sohlengänger mit langen, kräftigen Krallen, mit denen er sich weit verzweigte Baue gräbt. Den Winter verbringt er ruhend in seinem Bau, wacht jedoch zwischendurch auf, um zu fressen. Dachse jagen nur nachts. Sie leben überwiegend in Wäldern, sowohl im Hochgebirge als auch in Mittelgebirgen und in Tälern.

Braunbär

Ursus arctos

Klasse: SÄUGETIERE

Der Braunbär lebt in Bergwäldern. Er ist ein nachtaktiver Allesfresser, der im Winter in einer Höhle Winterruhe hält. Allerdings wird er zwischendurch gelegentlich aktiv. Ein erwachsener Braunbär wird bis zu 700 Kilogramm schwer und kann aufgerichtet drei Meter hoch sein. Junge Braunbären (Abb. 2) können von Wölfen gefressen werden, doch geschieht das nur selten, weil die Mutter gut auf sie aufpasst. In Europa wurden Braunbären in den österreichischen Alpen wiedereingeführt. Derzeit leben in europäischen Gebirgen ungefähr 17 000 dieser Tiere, die meisten von ihnen in Osteuropa.

Abb. 1

Abb. 2

Schneehase

Lepus timidus

Klasse: SÄUGETIERE

Schneehasen kommen in Europa in allen Zonen der Alpen vor, in den Wäldern ebenso wie im Gipfelbereich sowie bei Gletschern und Moränen. Sie sind hervorragend an das Leben in den Bergen angepasst, denn dank der kleinen Ohren und des stämmigen Körperbaus kühlen sie nicht so leicht aus. Die breiten Hinterpfoten sinken kaum im Schnee ein. Das im Sommer graubraune Fell wird ab November weiß.

Alpenmurmeltier

Marmota marmota

Klasse: SÄUGETIERE

Das Alpenmurmeltier bleibt das ganze Jahr über auf der alpinen Stufe, denn es fühlt sich nur dort wohl, wo es kühl ist. Während die anderen mit der Futtersuche beschäftigt sind, hält stets ein Tier Wache. Nähert sich ein Fressfeind wie z. B. ein Steinadler, warnt der Wächter seine Artgenossen durch Pfiffe. Das Alpenmurmeltier wohnt in selbst gegrabenen Bauen, in denen es auch bis zu sieben Monate lang Winterschlaf hält.

Abb. 2

Abb. 1

Die jungen Murmeltiere kommen im Frühsommer zur Welt und verlassen den Bau erst im Alter von zwei Monaten.

Nicht nur Kühe, sondern auch Schafe und Ziegen verbringen den Sommer auf Bergalmen. Hirten und Hütehunde passen auf die Herden auf. Wie bei allen Pflanzenfressern sitzen die Augen bei Schafen und Ziegen seitlich am Kopf, sodass sie beim Grasen die Umgebung überschauen. Aus ihrer Milch werden verschiedene Käsesorten hergestellt. Den Winter über werden die Tiere im Stall gehalten.

Hausschaf

Ovis aries

Klasse: SÄUGETIERE

Das weibliche Schaf nennt man Mutterschaf oder Zibbe, das männliche Bock oder Widder. Kastrierte Widder werden Hammel genannt. Das Junge bezeichnet man als Lamm.

Ziege

Capra hircus

Klasse: SÄUGETIERE

Das Ziegenmännchen wird als Bock bezeichnet, das Weibchen als Geiß und das Junge als Kitz oder Geißlein. Ziegenböcke haben einen starken Eigengeruch, vor allem in der Brunft.

Abb. 1

Abb. 2

Schneemaus

Chionomys nivalis

Klasse: SÄUGETIERE

Die Schneemaus ist in Europa das Säugetier, das in den höchsten Lagen lebt: bis in 4700 Meter Höhe! Aber auch in niedrigeren Zonen fühlt sich die Schneemaus wohl. Sie kann sich in enge Felsspalten zwängen oder über Geröllfelder flitzen. Sie läuft auch unter dem Schnee hindurch. Bei Sonnenschein wärmt sie sich auf Steinen auf, die aus Schnee und Eis ragen.

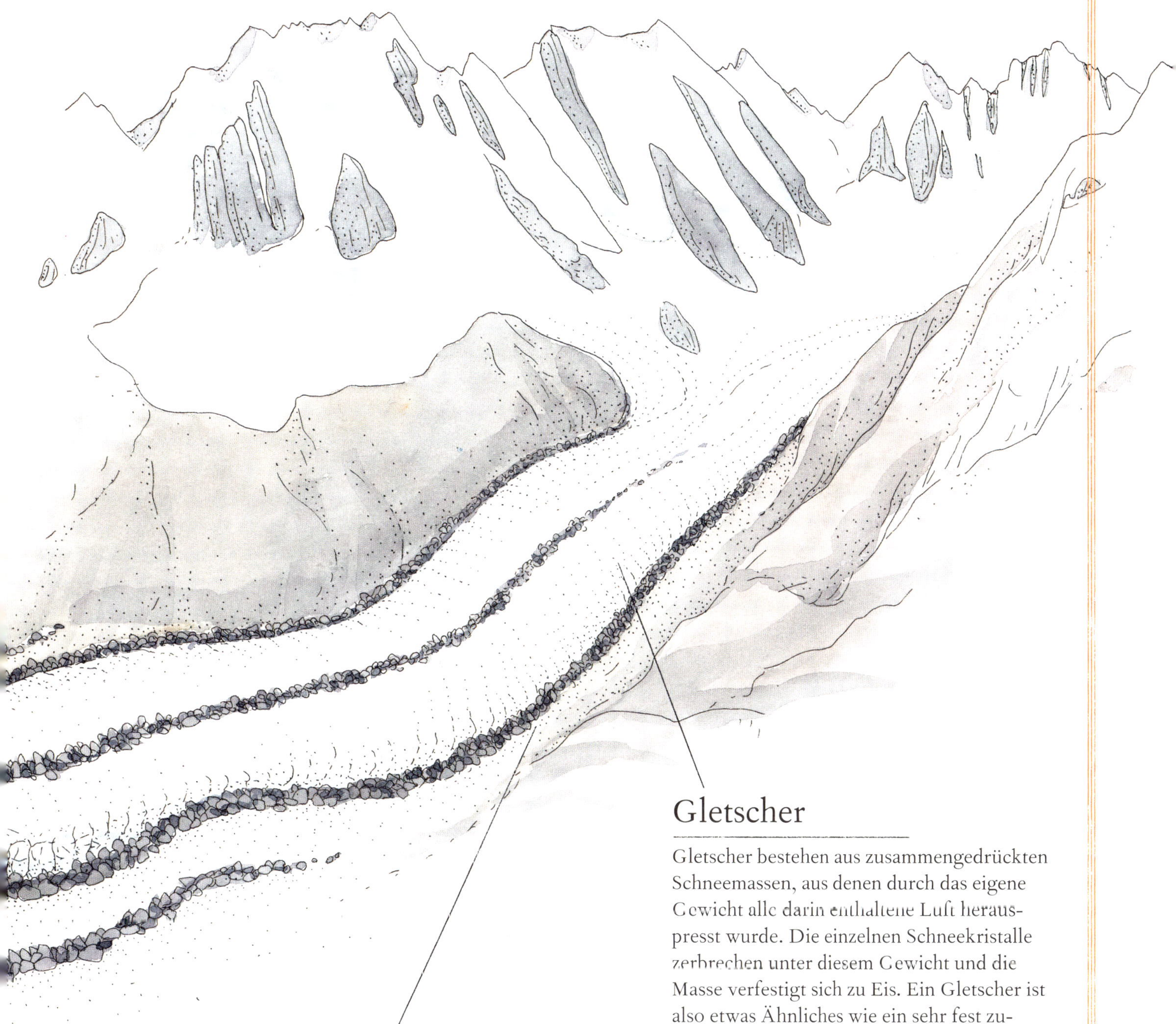

Moräne

Steine und Felsbrocken können sich lösen und auf den Gletscher stürzen. Zusammen mit dem Eis bewegen sie sich langsam talwärts. Sie bilden Moränen, die den Gletscher an den Seiten abgrenzen, sich aber auch auf ihm selbst ablagern.

Gletscher

Gletscher bestehen aus zusammengedrückten Schneemassen, aus denen durch das eigene Gewicht alle darin enthaltene Luft herauspresst wurde. Die einzelnen Schneekristalle zerbrechen unter diesem Gewicht und die Masse verfestigt sich zu Eis. Ein Gletscher ist also etwas Ähnliches wie ein sehr fest zusammengepresster Schneeball – nur viel, viel größer!
Gletscher sind trotz ihres enormen Gewichts nicht bewegungslos, sondern gleiten, wenn auch extrem langsam, bergab und passen sich dabei der Form der Landschaft an. Diese Bewegung wird durch den hauchdünnen Wasserfilm möglich, der sich unter einem Gletscher bildet.
Über die Oberfläche eines Gletschers laufen Rinnsale, die in den Gletscherspalten versickern.

Auf der Hügellandstufe (Ebenen und Hügel) liegen Laubwälder.

Hainbuche

Carpinus betulus

Die Hainbuche hat eine breite Krone, die bei älteren Bäumen eiförmig wird. Der Stamm ist senkrecht gefurcht und die überwiegend glatte Rinde weist mitunter Risse auf. Hainbuchen werfen im Herbst ihr Laub nicht ab, sondern behalten die abgestorbenen braunen Blätter einen Teil des Winters über. Die Bäume können bis zu 30 Meter hoch und bis zu 200 Jahre alt werden. Trotz ihres Namens sind sie keine Buchen, sondern gehören zu den Birkengewächsen.

Stiel-Eiche

Quercus robur

Bei der Stiel-Eiche ist die Krone breit und hoch und mit zunehmendem Alter des Baumes immer unregelmäßiger geformt. Die gewundenen Äste wachsen in niedriger Höhe aus dem Stamm. Die graue Rinde wird im Laufe der Jahre rissiger. Die Eichel genannte Frucht hängt an einem langen Stiel, nach dem diese Baumart benannt ist. Stiel-Eichen werden bis zu 40 Meter hoch und bis zu 1000 Jahre alt, gedeihen jedoch nur in Höhen von bis zu 1300 Metern.

Edelkastanie

Castanea sativa

Die Edelkastanie ist ein schlanker und gleichzeitig kräftiger Baum, der vor allem auf der Alpensüdseite verbreitet ist. Seine Frucht, die Esskastanie oder Marone, ist für Menschen und Tiere essbar. In der Krone finden viele Tiere Zuflucht: Eichhörnchen, Insekten, nistende Vögel … Edelkastanien werden bis zu 30 Meter hoch und können über 1000 Jahre alt werden. Die eiförmigen, spitz zulaufenden Blätter haben einen gezähnten Rand.

Die montane Stufe ist von Mischwäldern bedeckt, in denen sowohl Laubbäume als auch Nadelbäume wachsen.

Berg-Ulme

Ulmus glabra

Diese Ulmenart verträgt auch niedrige Temperaturen unter minus 25 Grad. Ihre Krone ist nicht sehr dicht. Die eiförmigen, asymmetrischen rauen Blätter weisen einen gezähnten Rand auf. Die Rinde ist beim jungen Baum noch glatt, reißt aber mit den Jahren ein. Berg-Ulmen werden bis zu 30 Meter hoch.

Rot-Buche

Fagus sylvatica

Die Rot-Buche ist mit ihrem langen, schlanken Stamm und der hoch angesetzten Krone eine majestätische Erscheinung. Nur alle zwei bis vier Jahre bringt sie Früchte hervor: die Bucheckern, die meist zu zweit in einem stacheligen Fruchtbecher stecken und essbar sind. Die eiförmigen Blätter haben wellige bis leicht gekerbte Ränder. Rot-Buchen werden bis zu 45 Meter hoch und 900 Jahre alt, wobei ihre durchschnittliche Lebenserwartung 200 bis 300 Jahre beträgt.

Weiß-Tanne

Abies alba

Die Weiß-Tanne gedeiht in einer Höhe von 400 bis 1500 Metern am besten. Die in ihren Zapfen versteckten Samen werden von Eichhörnchen und Vögeln gefressen. Weiß-Tannen werden bis zu 50 Meter hoch und 400 bis 500 Jahre alt. Sehr große Exemplare erreichen einen Stammdurchmesser von zwei Metern.

Auf der subalpinen Stufe über dem Mischwald trifft man Nadelwald an. Nadelbäume vertragen raues Klima und niedrige Temperaturen besser als Laubbäume. Über dem Nadelwald liegt die Baumgrenze, oberhalb deren nur noch niedrigere Pflanzen gedeihen.

Fichte

Picea abies

Mit bis zu 60 Meter Höhe ist die Fichte ein Riese unter den europäischen Bäumen. Ihr Stamm wächst sehr gerade, ihre Krone ist kegelförmig. Die Zapfen stehen anfangs aufrecht an den Zweigen, hängen aber später nach unten.

Europäische Lärche

Larix decidua

Dieser große Baum wächst auf der Südseite des mittleren Bergbereichs. Anders als andere Nadelbäume wirft die Lärche ihre Nadeln im Herbst ab. Sie verträgt auch strenge Kälte und die heftigen Bergwinde gut. Sie wird bis zu 40 Meter hoch, ihre Lebensdauer beträgt bis zu 600 Jahre.

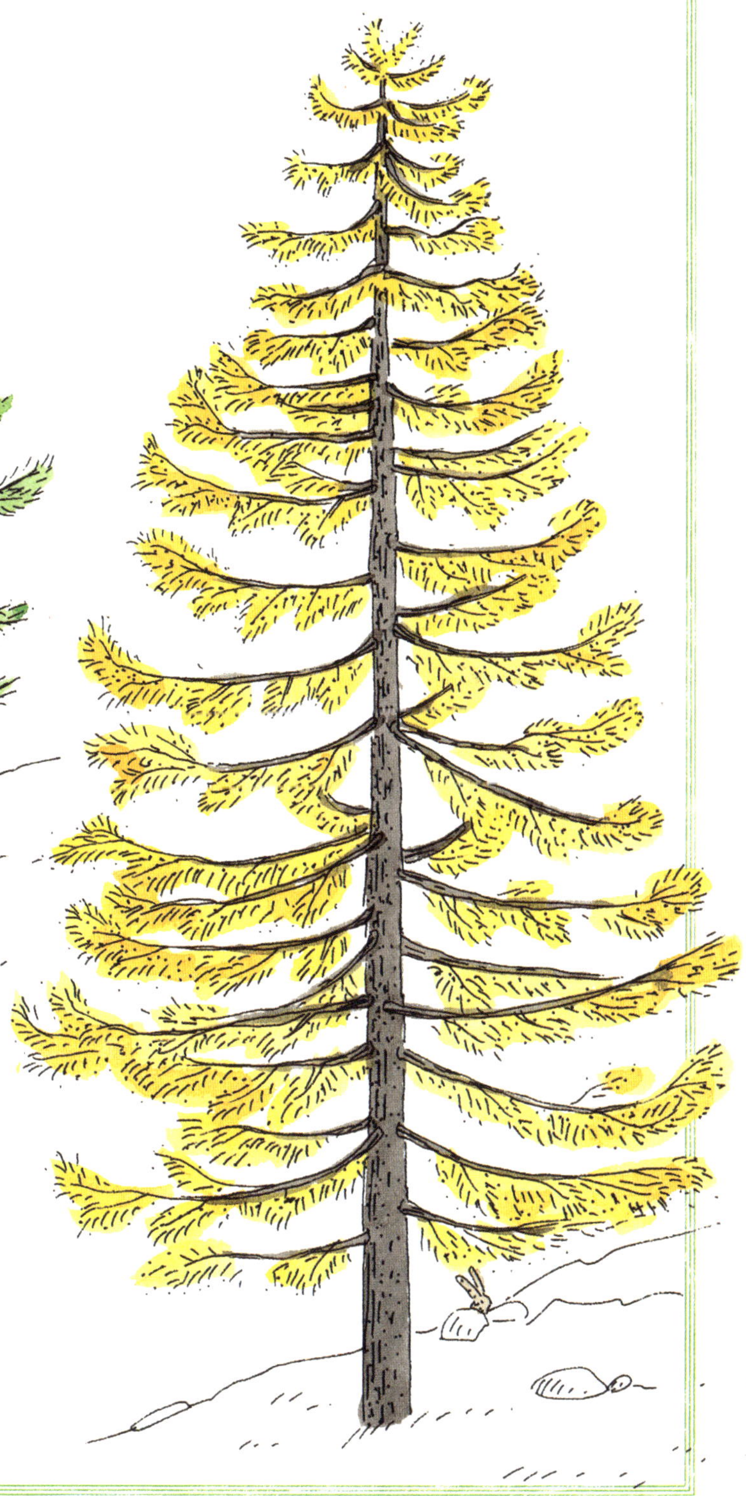

Schmetterlinge

In der Blütezeit besuchen Schmetterlinge die Blüten, um deren Nektar zu trinken. Wenn es sehr kühl ist, fliegen die Falter nicht. Gerne nehmen sie an geschützten Stellen mit ausgebreiteten Flügeln ein wärmendes Sonnenbad. Den Winter verbringen Schmetterlinge je nach Art als Ei, Larve, Puppe oder erwachsene Form. Hier stellen wir Arten vor, die man in europäischen Gebirgen antrifft.

Hauhechel-Bläuling
Polyommatus icarus

Schwalbenschwanz
Papilio machaon

Grüner Zipfelfalter
Callophrys rubi

Spanische Flagge
Euplagia quadripunctaria

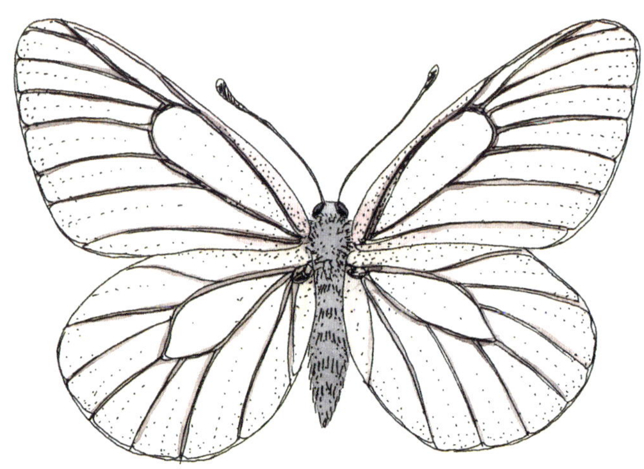

Baum-Weißling
Aporia crataegi

Männlicher Aurorafalter

Anthocharis cardamines

Roter Apollofalter

Parnassius apollo

Silberfleck-
Perlmutterfalter

Boloria euphrosyne

Sechsfleck-Widderchen

Zygaena filipendulae

Berg-Feldwespe

Polistes biglumis

Klasse: INSEKTEN

Die Berg-Feldwespe baut im Mai bis Juni in der Nähe eines Wasserlaufs ihr Nest an einer geschützten Stelle, die von der Sonne beschienen und vor Regen sicher ist. Die schirmartige Wabe wird aus zerkautem, mit Speichel vermischtem Holz gebaut. Diese fleischfressende Art füttert ihre Larven mit Insekten, die zuvor durch Giftstiche gelähmt wurden. Im Spätsommer schlüpfen die jungen „Königinnen" und paaren sich sogleich. Nur sie überleben den Winter. Die Berg-Feldwespe ist deutlich weniger aggressiv als die bei uns stark verbreitete Deutsche Wespe.

Dunkle Europäische Biene

Apis mellifera mellifera

Klasse: INSEKTEN

Über blühenden Wiesen summt es geschäftig! Die Dunkle Europäische Biene mit ihrem samtigen Körper verträgt das raue, kühlere Bergklima und die heftigen Winde gut. Sie bildet Völker und reagiert aggressiv, wenn sie bedroht wird. Der in den Bergen von Bienen produzierte Honig stammt von verschiedenen Blütensorten: von Kleeblüten, Erika, Löwenzahn, Brombeeren, Himbeeren … Sie alle erblühen gegen Ende des Frühlings. Die Bienen sammeln den Nektar und Pollen.

Schlangen sind wechselwarme Tiere, die sich im Sommer auf Felsen und Geröllfeldern aufwärmen. Im Winter verlangsamen sich ihre Lebensfunktionen. Sie überwintern in unterirdischen Bauen oder Felsspalten.

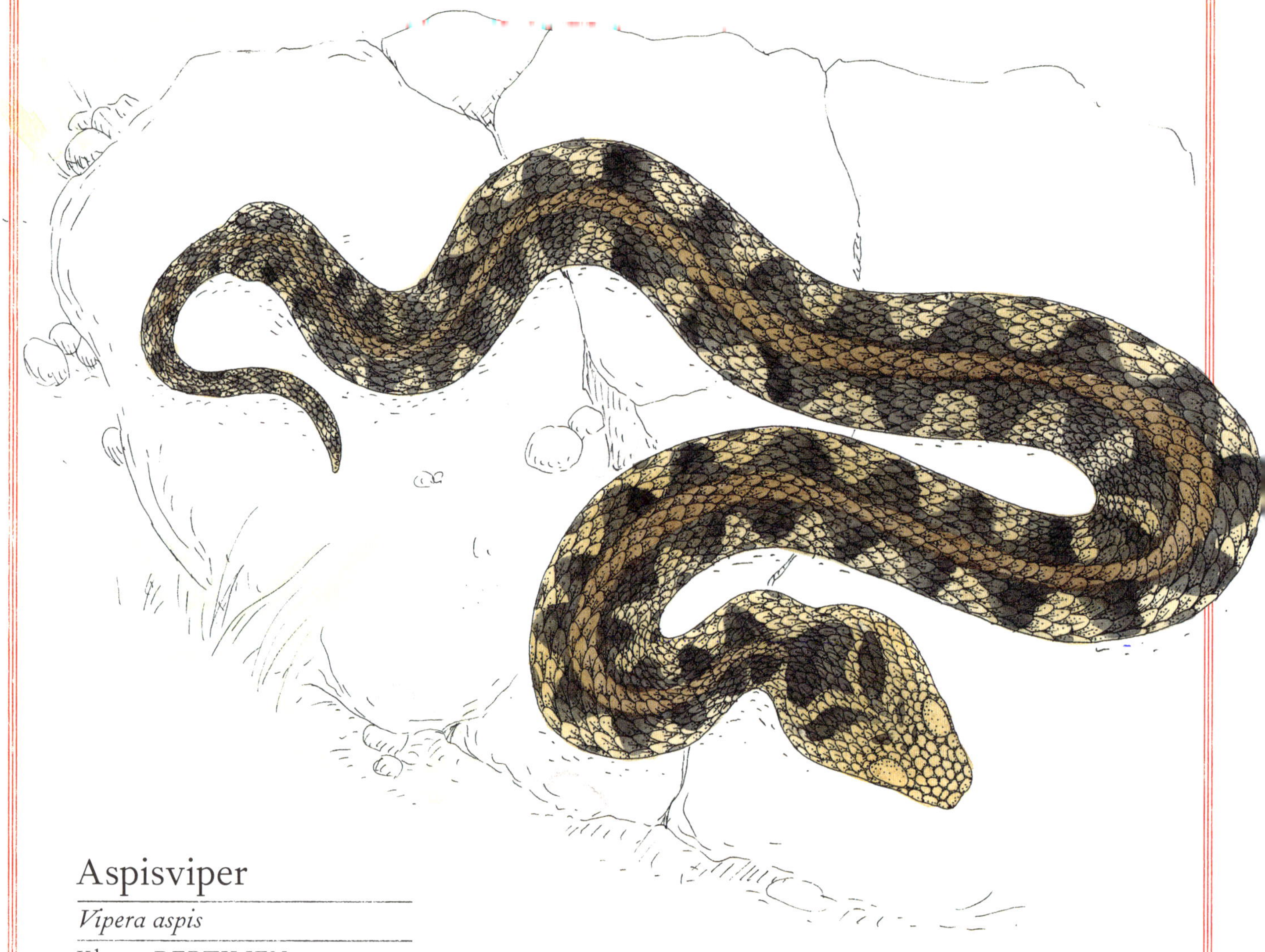

Aspisviper

Vipera aspis

Klasse: REPTILIEN

Die Aspisviper verfügt über ein starkes Gift. Ihr dreieckiger Kopf ist von kleinen Schuppen bedeckt. Die senkrecht stehende Pupille hat eine ovale Form. Die Aspisviper flüchtet vor dem Menschen und beißt nur, wenn sie sich bedroht fühlt. In den Bergen lebt sie an den Ufern von Bächen und Teichen bis in 2900 Meter Höhe in den Pyrenäen und bis in 3000 Meter Höhe in den Alpen.

Ringelnatter

Natrix natrix

Klasse: REPTILIEN

Der Kopf der Ringelnatter ist von großen ovalen Schuppen bedeckt, die beim erwachsenen Tier eine dreieckige Form annehmen können. Die Pupille ist rund. Die Haut ist grau, am Hinterkopf zeichnen sich weißliche, halbmondförmige Flecken ab.

Ringelnattern leben an Gewässern und können schwimmen. Erwachsene Tiere verlassen ihr feuchtes Biotop mitunter, sodass man ihnen auch an anderen Orten begegnet, sowohl in den Tälern als auch bis in 2000 Meter Höhe. Sie ernähren sich von Amphibien, kleinen Fischen, Reptilien und Nagetieren.

Abb. 1

Maiglöckchen

Convallaria majalis

Die kleinen weißen, glockenförmigen Blüten des Maiglöckchens sind traubenartig an einer Seite des Stängels angeordnet. Maiglöckchen breiten sich über ihre Rhizome aus und bilden in Laubwäldern und auf Wiesen regelrechte Kolonien. Die giftige Pflanze gedeiht auch in kühlen Regionen, da ihr im Sommer 10 Grad ausreichen.

Abb. 2

Abb. 3

Alpen-Fettkraut

Pinguicula alpina

Das Alpen-Fettkraut ist eine niedrige Pflanze mit weißen Blüten, die man in Mooren und feuchten Felszonen des Hochgebirges bis in 2500 Meter Höhe antrifft. Es ist eine fleischfressende Pflanze: Die mit einer klebrigen Substanz überzogenen Blätter locken kleine Insekten an, die von der Pflanze mittels Enzymen verdaut werden.

Silberdistel

Carlina acaulis

Die Silberdistel ist eine Pflanze der montanen Stufe, die bis in 2500 Meter Höhe vorkommt. Die Blüte hat einen derart kurzen Stängel, dass sie auf der Blätterrosette zu ruhen scheint. Bei feuchtem Wetter schließt sich der silbrig glänzende Blütenkorb.

Gelber Frauenschuh

Cypripedium calceolus

Der Gelbe Frauenschuh ist eine geschützte heimische Orchideenart. Er besitzt ein Labellum oder Lippe genanntes schuhförmiges, vier Zentimeter langes Blütenblatt. Es wird von fünf Zentimeter langen rotbraunen Perigonblättern umgeben. Der Gelbe Frauenschuh gedeiht in den Bergen in Laub- und Nadelwäldern.

Abb. 1

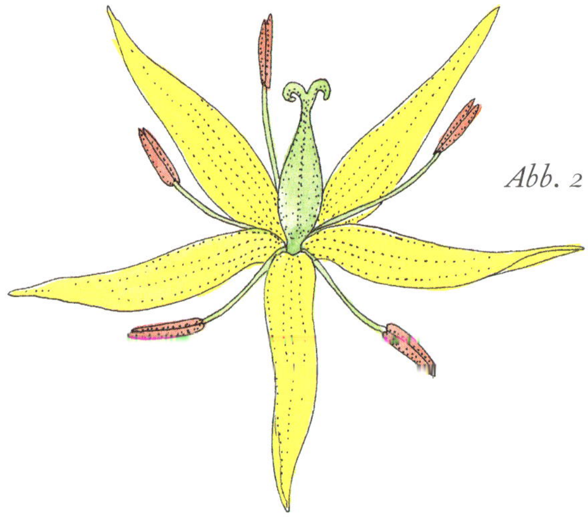

Abb. 2

Gelber Enzian

Gentiana lutea

An den hohen Stängeln des Gelben Enzians sitzen die Blüten in trugdoldenartigen Büscheln. Die Pflanze blüht erst ab dem Alter von zehn Jahren und gedeiht auf Wiesen der montanen und der subalpinen Stufe.

Abb. 1

Roter Fingerhut

Digitalis purpurea

Der Rote Fingerhut bildet einen bis zu zwei Meter hohen Spross, an dem die purpurroten Blüten sitzen. In den Bergen sieht man diese Pflanze an Wegen und Waldrändern. Sie ist sehr giftig.

Abb. 2

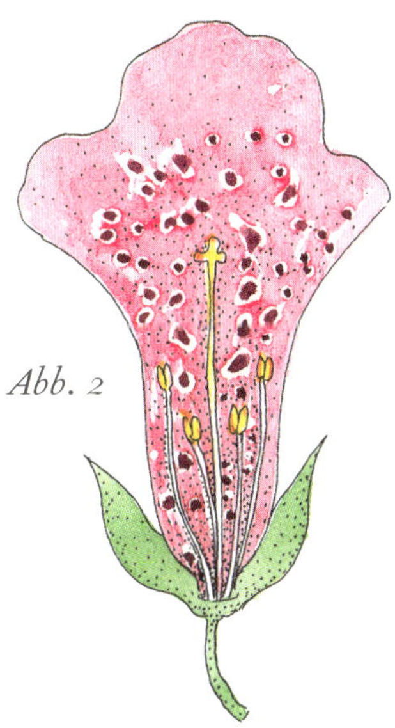

Alpen-Edelweiß

Leontopodium alpinum

Das Edelweiß ist eine mehrjährige Pflanze, die bis in 3000 Meter Höhe vorkommt. Der wollige Flaum auf ihren Blättern und Blüten schützt die Pflanze vor intensiver Sonneneinstrahlung und verringert das Verdunsten der in ihr gespeicherten Feuchtigkeit. Die mit acht bis 20 Zentimetern sehr niedrige Pflanze übersteht die strengen Bergwinter unbeschadet unter dem Schnee.

Frühlingskrokus

Crocus vernus

Der Frühlingskrokus ist eine Pflanze der subalpinen Stufe. Sie wächst aus einer Zwiebel heraus. Die Blüten können weiß bis violett sein.

Alpensoldanelle

Soldanella alpina

Die Alpensoldanelle mit ihren blauvioletten Blüten wächst auf verschiedenen Höhenstufen der Berge ausschließlich an Stellen, an denen sich nach der Schneeschmelze Wasser ansammelt, wie z. B. auf Weiden oder zwischen Felsen.

Amphibien

Die kalte Jahreszeit verbringen Amphibien unter einem Stein oder totem Holz, in einem Bau oder am Grund eines Teiches. Ihre Lebensfunktionen sind verlangsamt. Gelegentlich werden sie zwischendurch aktiv.

Abb. 1

Grasfrosch

Rana temporaria

Klasse: AMPHIBIEN

Grasfrösche leben im Flachland, werden aber je nach Region auch in Höhen von 1600 bis 2600 Metern angetroffen.

Bergmolch

Ichthyosaura alpestris

Klasse: AMPHIBIEN

Bergmolche fühlen sich bis in 3000 Meter Höhe wohl. In der Paarungszeit suchen sie stehende Gewässer auf. Im Hochgebirge sieht man sie auch in Höhlengewässern schwimmen. Das Hochzeitskleid des Männchens ist leuchtend bunt (oben blau, unten rot). Außerhalb der Paarungszeit halten sich diese Amphibien an Land auf und sind nachtaktiv.

Abb. 2

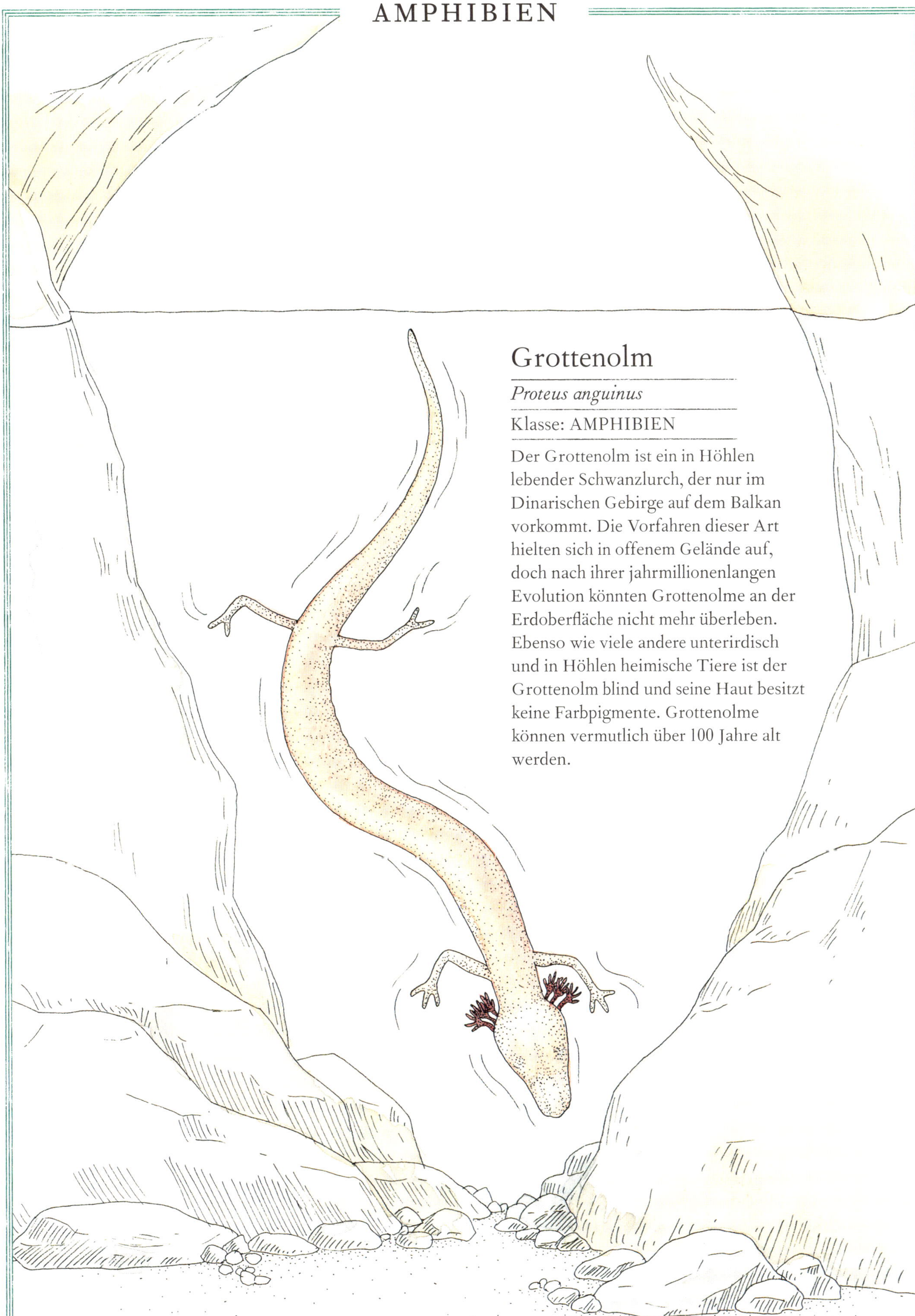

Grottenolm

Proteus anguinus

Klasse: AMPHIBIEN

Der Grottenolm ist ein in Höhlen lebender Schwanzlurch, der nur im Dinarischen Gebirge auf dem Balkan vorkommt. Die Vorfahren dieser Art hielten sich in offenem Gelände auf, doch nach ihrer jahrmillionenlangen Evolution könnten Grottenolme an der Erdoberfläche nicht mehr überleben. Ebenso wie viele andere unterirdisch und in Höhlen heimische Tiere ist der Grottenolm blind und seine Haut besitzt keine Farbpigmente. Grottenolme können vermutlich über 100 Jahre alt werden.

Flechten und Moose stellen die wichtigste Vegetation der alpinen Stufe und der Bergmoore dar.

Flechten

Flechten sind symbiotische Lebensgemeinschaften aus zwei oder mehr Lebewesen: aus Pilzen, Algen oder Bakterien. Deshalb kann man in ihrem Fall nicht wirklich von Arten sprechen. Bestimmte Flechten haben sich optimal an das Leben in großer Höhe angepasst und sind sogenannte Pioniere: Sie besiedeln als Erste nackten Fels und ermöglichen, dass später Moose und andere Pflanzen hier leben können.

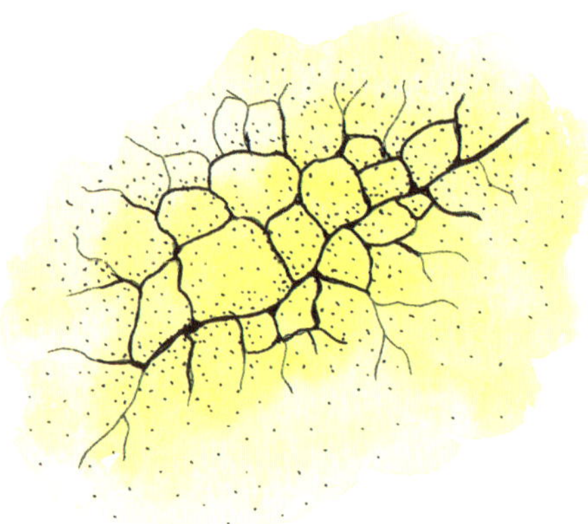

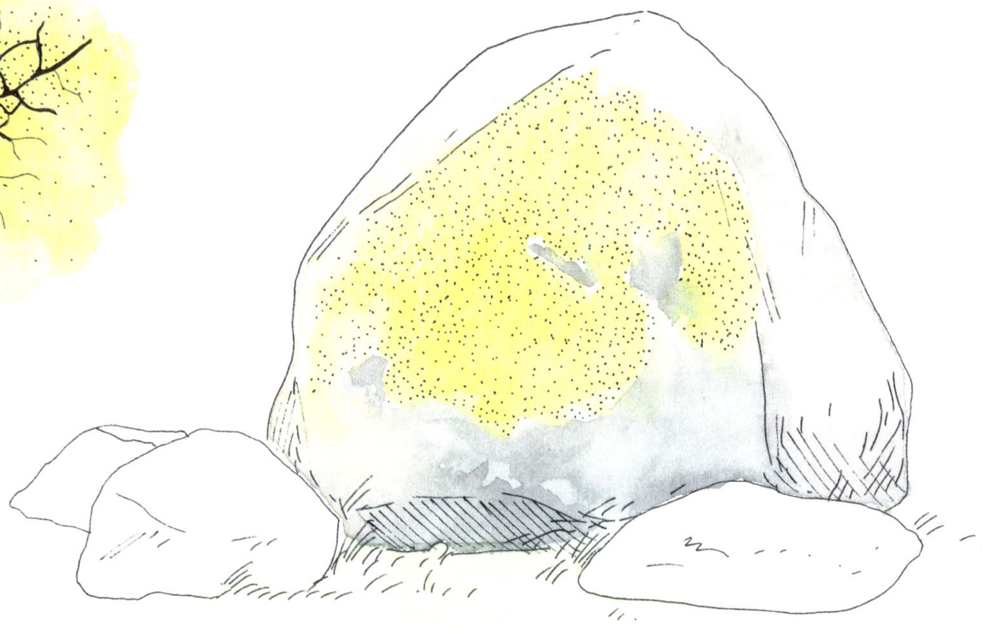

Abb. 1

Acarospora chlorophana findet man auf harten, glatten Felswänden der subalpinen und der alpinen Stufe.

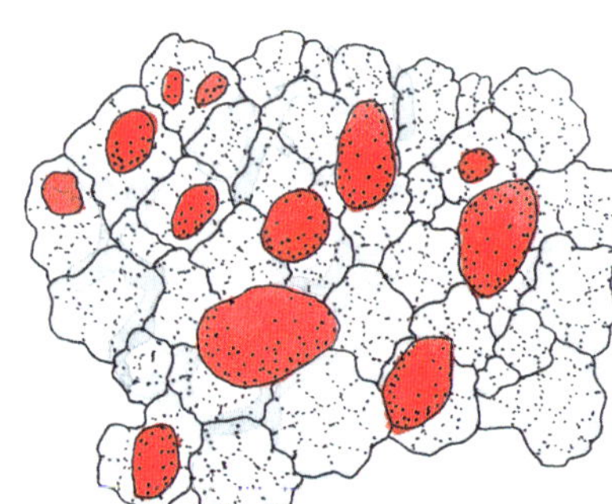

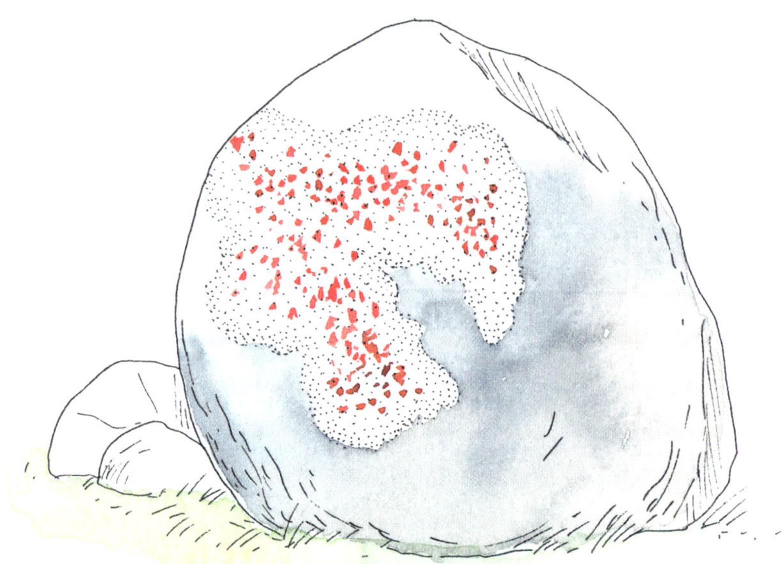

Abb. 2

Haematomma ventosum lebt auf den hohen Gipfeln.

Abb. 2

Abb. 1

Abb. 3

Moose

Auch Moose sind Pioniere, und sie besitzen ebenso wie Flechten keine Wurzeln. Sie gedeihen auf nacktem Fels und werden, nachdem sie abgestorben sind, zu Humus, auf dem andere Pflanzen wachsen können. Weltweit sind etwa 20 000 Moosarten bekannt. Sie pflanzen sich nicht über Samen, sondern über Sporen fort. Ihre Stängel sind kaum sichtbar, die Blätter sind schraubig gestellt. Ihre Farbe verändert sich oft im Lauf der Zeit von Grün über Rot zu Braun oder Gelb.

Abb. 4

Moos auf einem Felsen am Bachufer

Alpenschneehuhn

Lagopus muta

Klasse: VÖGEL

Wenn der Winter kommt, bekommt das Alpenschneehuhn ein weißes Gefieder, um in der verschneiten Landschaft gut getarnt zu sein. Mit den kräftigen befiederten Füßen sinkt es im Schnee kaum ein. Alpenschneehühner sind an kalte Lebensräume angepasst, daher drängt die Klimaerwärmung sie in immer höhere Gebirgszonen. Bei starker Kälte und Unwettern graben sie sich Höhlen im Schnee und suchen darin Schutz.

Männliches Birkhuhn

Lyrurus tetrix

Klasse: VÖGEL

Das Birkhuhn lebt in Nadelwäldern. Über den Augen der Tiere sitzt ein roter Fleck. Das Gefieder des Männchens schimmert blauschwarz, der Schwanz ist weiß und leierförmig gegabelt. Im Frühling stolziert es über Moore und Lichtungen und ruft laut, um die Aufmerksamkeit eines der unauffälligen, braun gefleckten Weibchen zu erregen.
Im Winter verbringt das Birkhuhn die Nacht und einen Teil des Tages in schützenden Schneehöhlen. Deshalb sollte man in Gebieten, in denen Birkhühner leben, nicht abseits der Pisten Ski fahren oder wandern.

Gänsegeier

Gyps fulvus

Klasse: VÖGEL

Der weißköpfige Gänsegeier zählt mit einer Spannweite von bis zu 2,8 Metern zu den größten Greifvögeln. Er fliegt mit auffallend langsamen Flügelschlägen und nistet in Kolonien an Steilwänden der montanen Stufe. Gänsegeier sind reine Aasfresser und tragen somit dazu bei, die Bergwelt von verrottenden Kadavern frei zu halten.

Bartgeier

Gypaetus barbatus

Klasse: VÖGEL

Der Bartgeier ist einer der größten europäischen Greifvögel und auch der seltenste. Seinen Namen verdankt er dem schwarzen Federbüschel am Schnabel. Er nistet überwiegend auf der alpinen Stufe in Nischen von Felswänden. Die in den Alpen wieder angesiedelte Art ist darauf spezialisiert, die Knochen von Kadavern, die bereits von anderen Tieren abgenagt wurden, zu fressen. Diese lässt der Bartgeier aus großer Höhe auf Fels fallen, um sie zu zerkleinern und an das Knochenmark zu kommen. Seine starke Magensäure hilft dem Greifvogel bei der Verdauung der Knochen.

Abb. 1

Steinadler

Aquila chrysaetos

Klasse: VÖGEL

Der Steinadler ist ein sehr großer tagaktiver Greifvogel mit einer Spannweite von ungefähr zwei Metern. Männchen und Weibchen bleiben ein Leben lang zusammen. Sie bauen gemeinsam an einer schwer zugänglichen Stelle einer Felswand ein riesiges Nest, den Horst. Dieser bis zu drei Meter breite und zwei Meter hohe Horst wird Jahr für Jahr ausgebessert und mitunter von mehreren Generationen hintereinander benutzt. Das Weibchen legt meist zwei Eier, die von den Eltern abwechselnd 40 Tage lang bebrütet werden. Nach dem Schlüpfen bleiben die Adlerküken vier Monate lang im Nest. Hier werden sie zuerst nur von der Mutter und später von beiden Eltern gefüttert.

Abb. 2

Adlerküken

Wanderfalke

Falco peregrinus

Klasse: VÖGEL

Der Wanderfalke ist ein Einzelgänger und in Gebirgen bis in 2000 Meter Höhe anzutreffen. Körper und Flügel sind grau, Füße, Schnabel und Augenringe gelb. Mit den dunklen Federn am Kopf sieht er aus, als würde er eine Kappe tragen. Er jagt vor allem Vögel im Sturzflug und erreicht dabei Geschwindigkeiten über 200 Kilometer pro Stunde. Das macht ihn zum schnellsten Vogel der Welt. Wanderfalken bauen keine Nester, sondern scharren an Felsvorsprüngen Mulden in Erde und Kies. Ihr bevorzugter Lebensraum sind Gebiete mit steilen Felswänden oder Küstenklippen.

Bergpieper

Anthus spinoletta

Klasse: VÖGEL

Den Bergpieper trifft man auf Almen, oberhalb der Baumgrenze und bis in 3000 Meter Höhe an. Er zählt zu den wenigen Sperlingsvögeln, die in hohen Regionen leben. Der Bergpieper brütet am Boden. Seinen Namen verdankt er seinem Ruf, einem lang gezogenen *piiiiht*. Den Winter verbringen Bergpieper in niedrigeren Zonen, in der Nähe von Bächen und Teichen mit dichter Ufervegetation. Sie sind sozusagen Zugvögel, die nur über kurze Strecken wandern.

Steinschmätzer

Oenanthe oenanthe

Klasse: VÖGEL

Der Steinschmätzer, ein typischer Sperlingsvogel der Berge, lebt mitunter auch in tiefer gelegenen Regionen in der Nähe von Wegen und Feldern. Das Männchen ist an dem schwarzen Augenstreif und dem grauen Rücken leicht erkennbar, das Weibchen ist unauffällig braun.
Im Flug sieht man bei beiden Geschlechtern den weißen Schwanz und weißen Bürzel, an denen sich ein schwarzes T abzeichnet.
Im September oder Oktober wandert dieser Zugvogel nach Afrika südlich der Sahara ab, im März oder April kehrt er zu seinem Brutplatz zurück. Beide Partner legen das Nest in einem Kieshaufen, einem Erdloch oder dem Bau eines anderen Tieres an.

Sperlingskauz

Glaucidium passerinum

Klasse: VÖGEL

Der Sperlingskauz, die kleinste europäische Eule, lebt in den Mischwäldern der Hochgebirge und den Nadelwäldern der nördlichen Zonen. In einem Baumwipfel sitzend stößt das Männchen seine Rufe aus. Sperlingskäuze können dunkel- bis gelblichbraun sein und sind stets weiß gefleckt, mit kleinen gelben Augen unter weißen Augenbrauen. Beine und Füße sind befiedert, der Schnabel ist gelb. Man sieht diesem Vogel seine jeweilige Stimmung an: Wenn er droht, plustert er das Gefieder von Kopf und Körper auf. Hat er Angst, erstarrt er, ist er aufgeregt, reckt er die Schwanzfedern in die Höhe.

Uhu

Bubo bubo

Klasse: VÖGEL

Der Uhu ist mit einer Spannweite von bis zu 188 Zentimetern und einer Körperlänge von 75 Zentimetern die größte Eulenart. Er lebt in der Umgebung von Felswänden unterschiedlicher Höhenstufen und ernährt sich von Käfern, Amphibien, Reptilien, Vögeln sowie Nagern und anderen Säugetieren. Gelegentlich erbeutet er sogar ein Rehkitz. Selbst leiseste Geräusche ermöglichen ihm, seine Beute zu orten.

Pilzarten der Berge

Wenn die herbstlichen Regenfälle einsetzen, wachsen in den Wäldern und auf den Wiesen der Berge Pilze aus dem Boden. Pilze sind Lebewesen, aber weder Tiere noch Pflanzen.

Totentrompete

Craterellus cornucopioides

Die Totentrompete wächst in Laubwäldern, in Haselwäldchen und mitunter auch unter Nadelbäumen, die in Mischwäldern stehen. Je feuchter die Luft ist, desto dunkler sieht dieser Pilz aus.

Kiefern-Steinpilz

Boletus pinophilus

Wie sein Name schon sagt, wächst der Kiefern-Steinpilz oft in der Nähe von Kiefern, doch findet man ihn auch in Berglaubwäldern. Sein Hut ist braunrot, ebenso der dicke, an der Basis sehr bauchige Stiel.

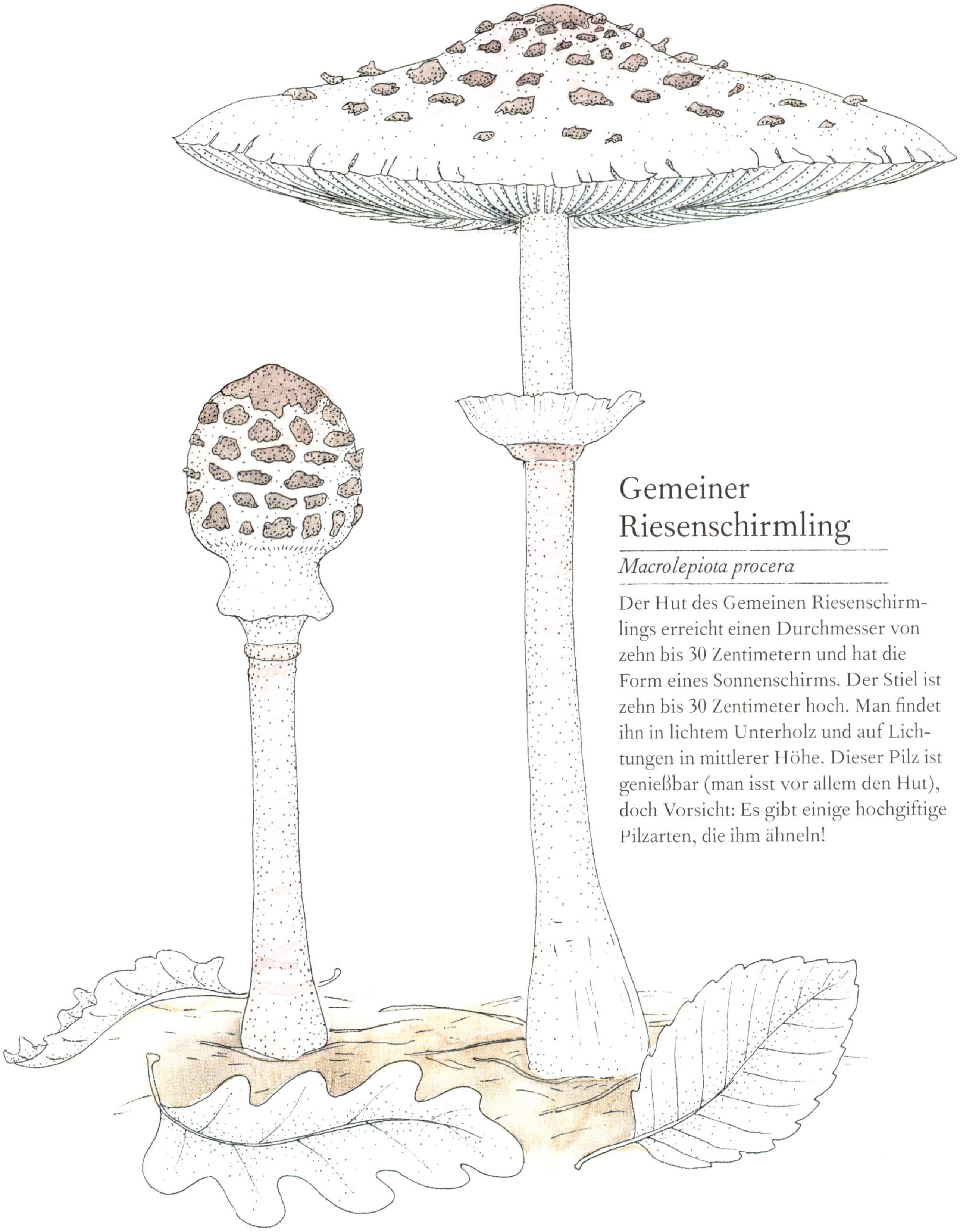

Gemeiner Riesenschirmling

Macrolepiota procera

Der Hut des Gemeinen Riesenschirmlings erreicht einen Durchmesser von zehn bis 30 Zentimetern und hat die Form eines Sonnenschirms. Der Stiel ist zehn bis 30 Zentimeter hoch. Man findet ihn in lichtem Unterholz und auf Lichtungen in mittlerer Höhe. Dieser Pilz ist genießbar (man isst vor allem den Hut), doch Vorsicht: Es gibt einige hochgiftige Pilzarten, die ihm ähneln!

Fische

Die wechselwarmen Fische passen ihre Körpertemperatur der Temperatur des Gewässers an, in dem sie leben. In den Seen, Teichen, Flüssen und Bächen der Berge heimische Fische sind Kälte gewohnt und bleiben meist das ganze Jahr über aktiv. Einige der von Menschen in Berggewässern eingesetzten Zuchtarten hingegen (die wir in diesem Buch nicht vorstellen) verbringen den Winter in einer winterschlafähnlichen Kältestarre.

Abb. 1

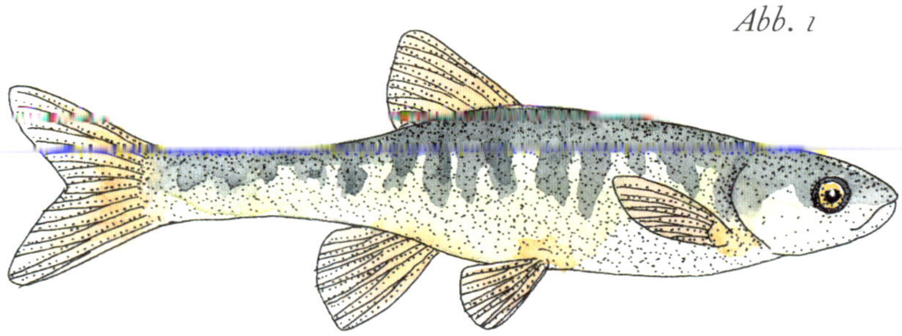

Elritze

Phoxinus phoxinus

Die Elritze lebt in schnell fließenden, klaren und sauerstoffreichen Wasserläufen bis in 2400 Meter Höhe. Ihr Geruchssinn ist besonders gut ausgeprägt.

Bachforelle

Salmo trutta fario

Die Bachforelle lebt in kühlem und sauerstoffreichem Wasser z. B. von Bächen und Seen. In den verschiedenen Alpentälern trifft man endemische Unterarten von Bachforellen an, die sich genetisch voneinander unterscheiden.

Abb. 2

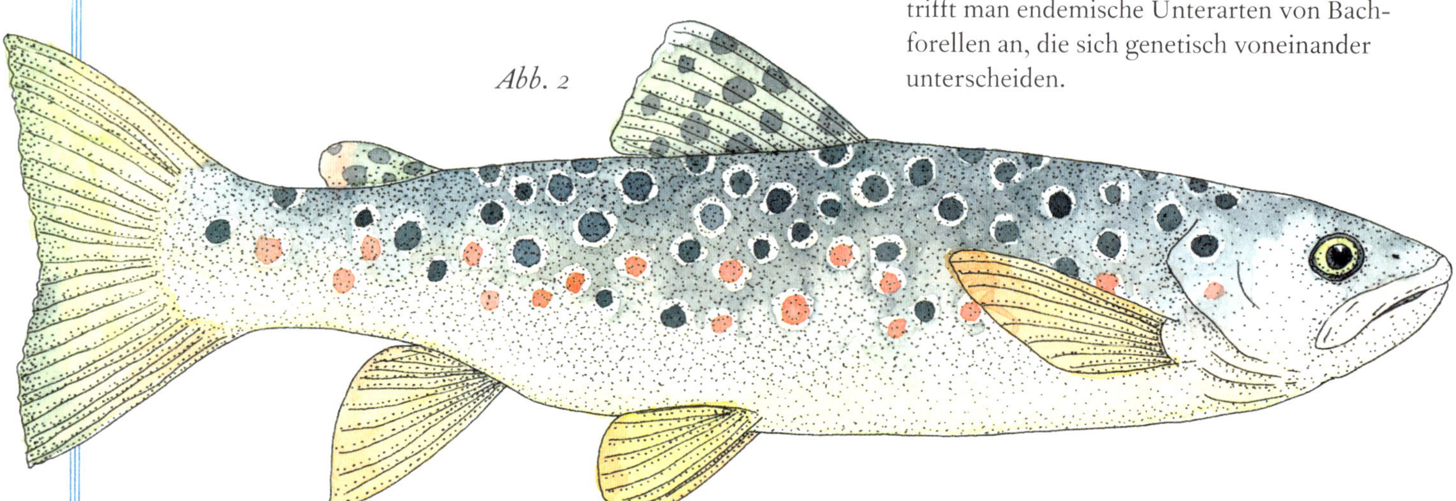

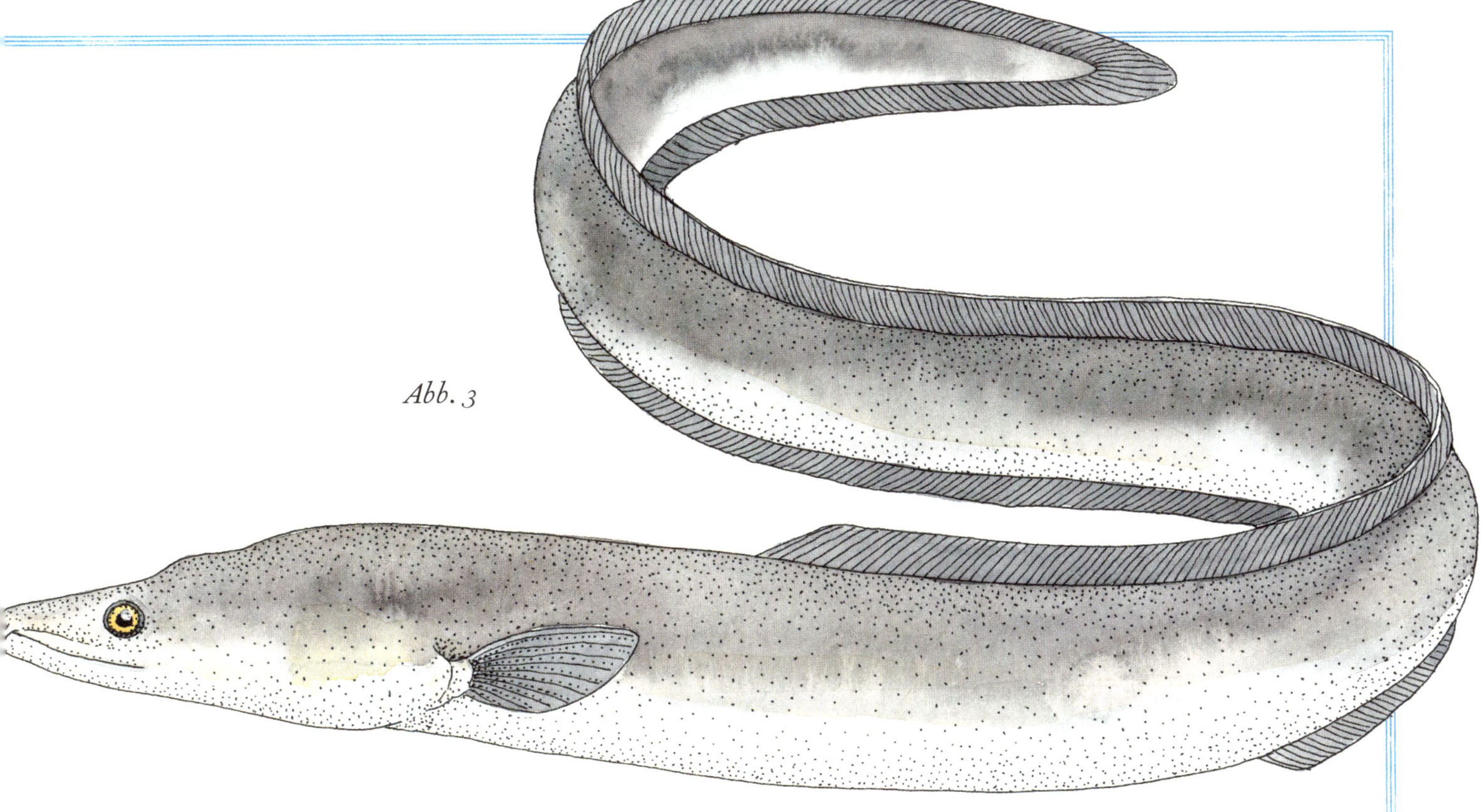

Abb. 3

Europäischer Aal

Anguilla anguilla

Die Europäischen Aale kommen in der Sargassosee zur Welt. Die frisch geschlüpften Aallarven wandern Tausende Kilometer bis zu den Küsten Europas und Nordafrikas, die sie nach einem bis drei Jahren als sogenannte Glasaale erreichen. Einige von ihnen bleiben in der Küstenregion, andere wandern in Süßgewässer. Nach etwa vier bis 20 Jahren kehren alle Tiere schließlich in die Sargassosee zurück, wo sie laichen und danach sterben. Ihre genauen Lebensumstände sind jedoch für die Wissenschaft bis heute ein großes Rätsel.

Gründling

Gobio gobio

Der Gründling kommt bis in 650 Meter Höhe vor. Er bevorzugt klare Gewässer mit schlammigem Boden. Er ist ein zuverlässiger Anzeiger für gute Wasserqualität.

Abb. 4

Barbe

Barbus barbus

Die Barbe verdankt ihren Namen den vier Barteln an ihrem Maul. Sie lebt in Schwärmen von gleichaltrigen Tieren. Die Ältesten schwimmen am Grund schnell fließender Flüsse, die Jüngsten nahe der Oberfläche ruhigerer Gewässer. Das Maul der Barbe ist nach unten gerichtet, sie tastet damit bei der Futtersuche den Boden ab.

Seesaibling

Salvelinus alpinus

Der mit Lachs und Forelle verwandte Seesaibling kommt unter anderem in kalten, hoch gelegenen Bergseen vor. Seinen Laich legt er von September bis Januar auf steinigem Untergrund oder Kies ab.

REGISTER